EDICT
DV ROY, SVR
la reduction des Rentes qui se constituë-ront d'oref-nauant à prix d'argent au de-nier quatozre.

Publié à Rouen en Parlement, le Vendredy vingt-neufiéme de Nouembre, mil six cens deux.

A ROVEN,

DE L'IMPRIMERIE,

De MARTIN le MESGISSIER, Imprimeur ordinaire du Roy, au haut des degrez du Palais,

M. D. C. X.

Auec priuilege dudit seigneur.

(9)

DV VENDREDY MATIN,

vingt neufiesme iour de Nouembre mil six cens & deux. A Rouen en la Court de Parlement.

VR les lettres patentes en forme d'Edict, données à Paris au mois de Iuillet mil six cens vn, Pour la reduction à l'aduenir des Rentes au denier quatorze, sans desroger n'y preiudicier aux contracts de constitution de Rente faicts auparauāt la publication dudict Edict. Apres que lesdictes lettres ont esté iudi-

A ii

ciairement leuës & publiées, Et oy
le Procureur general du Roy. LA
COVRT à ordonné & ordonne
que sur le reply desdites lettres, sera
misqu'elles ont esté leuës, publiées,
& regiſtrées, Oy & conſentant le
Procureur general du Roy, aux
charges & modifications côtenuz
en l'arreſt de ladite Court, donné
les Chambres aſſemblées ſur la ve-
rification dudiċt Ediċt le vingt-
troiſiéme de ce mois, duquel a eſté
pareillement fait lecture: & ordonné que les vidimus ſeront enuoyez
par les Bailliages de ce reſſort, pour
y eſtre pareillement leuës, publiez,
& enregiſtrez en chacun ſiege de
Iuriſdiċtion, à ce qu'aucun n'er
pretende cauſe d'ignorance, & deſ
quelles lettres, la teneur enſuit.

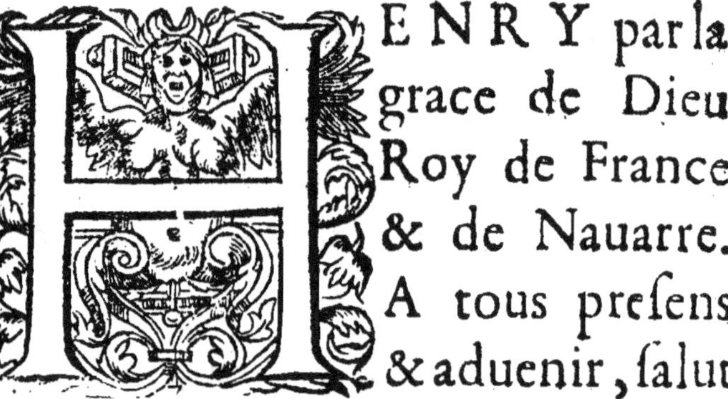

ENRY par la grace de Dieu Roy de France & de Nauarre. A tous preſens & aduenir, ſalut Apres auoir par l'aſſiſtance de la ſouueraine bonté, pacifié de toutes parts noſtre Royaume, & faict rendre à chacun de nos ſubiects ce qui leur apparteno it, & auoit eſté rauy par la licence des guerres paſſees, en telle ſorte que chacun à preſent iouyt paiſiblement du ſien, Nous auons iugé eſtre auſſi important, & de non moindre gloire à noſtre eſtat Royal, d'apporter pareil ſoin & diligence à la conſeruation de leurs poſſeſſions, que nous auions ſouſtenu de trauaux & de fatigues à leur acquerir.

A iij

Et pour ceſt effeſt ayant recher-
ché de plus prés les cauſes qui plus
ordinairement appauuriſſent, &
trauaillent noſdiſts ſubieſts en la
iouyſſance de leurs biens, & ſur
tous noſtre Nobleſſe, de laquelle
(comme du plus fort appuy de
noſtre Coronne) Nous,& nos pre-
deceſſeurs auons touſiours reçeu
de ſignalez ſeruices : Nous auons
recogneu au doigt, & à l'œil, que
les Rentes conſtituees à prix d'argent au denier dix ou douze, qui
ont eu cours principalement de-
puis quarante ans en ça, & inte-
reſtz prouenans tant des changes
& rechanges, que des condemna-
tions qui s'ordonnent par nos Iuges à faute de payement des debtes,
ont eſté en partie cauſe tant de la
ruine de pluſieurs bonnes & an-

ciennes familles , soit pour auoir
esté accablez d'interests, & souf-
fert la vente de tous leurs biens à
personnes qui se sont trouuez in-
soluables , que empesché le trafic
& commerce de la marchandise,
qui auparauant auoit plus de vo-
gue en nostre Royaume qu'en aucun autre de l'Europe, & fait negli-
ger l'agriculture & manufacture,
aymans mieux plusieurs de nos
subiects sous la facilité d'vn gaing
à la fin trompeur , viure de leurs
Rentes en oisiueté parmy les Vil-
les , qu'employer leur industrie
auec quelque peine aux arts libe-
raux , où à cultiuer & approprier
leurs heritages. Ce qui pourroit à
la longue aussi bien occasionner
quelques remuëmens en cét estat
Monarchique, que les vsures , &

grandes debtes ont faict par le passé en plusieurs Republiques. Pour à quoy remedier à l'aduenir, & par le retranchement du profit excessif desdictes Rentes & interests reprouuez des changes & rechanges , qui rendent ingrate la fertilité des terres, conuier nos subiects à s'enrichir de gaings plus conuenables, ou se contenter des profits moderez : mesmes faciliter les moyens à nostredicte Noblesse, de restablir en leurs maisons les degasts, ruines, & desordres qui leur ont esté causez par les troubles : à fin qu'elle nous puisse cy apres rendre le seruice qu'elle nous doit, és occasions qui se pourront presenter. Considerant d'ailleurs que desdictes Rentes constituees en deniers comptans sous les noms desguisez

guifez de ventes & achapts, le profit n'en a esté certainement limité
par aucune ancienne ordonnan-
ce, ny mesme authorisé par aucune
constitution de l'Eglise, sinon sui-
uant l'vsage & coustume des pays,
qui a changé & varié selon la ne-
cessité & exigence des temps : sui-
uant laquelle par Edict du mois de
Iuin, mil cinq cens soixante &
douze verifié en nostre Court de
Parlement de Paris, a esté inhibé &
defendu de côstituer Rentes à plus
haut prix que de six pour cent. Sça-
uoir faisons, qu'ayant mis en de-
liberation cest affaire en nostre
Conseil, où estoyent les Princes de
nostre sang, les Officiers de nostre
Couronne, & plusieurs grands &
notables personnages de nostredit
Côseil d'Estat, estant pres de nostre

perſonne. NOVS AVONS dit,
ſtatué, & ordóné, diſons, ſtatuons,
& ordonnons par Edict perpetuel
& irreuocable, qu'en tout le reſſort
de noſtre Court de Parlement de
Rouen, Ne ſeront cy apres par
aucunes perſonnes , de quelque
eſtat, qualité, & condition qu'ils
ſoyent, conſtituees Rentes à plus
haut prix qu'à la raiſon du denier
quatorze : & ce par contracts paſſez
par deuant Tabellions ou Notaires,
auſquels nous faiſons treſ expreſſes
inhibitions & defenſes d'en paſſer
à autre raiſon,à peine de ſuſpenſion
& priuation de leurs offices : & à
tous nos Iuges d'y auoir aucun eſ-
gard ny donner aucuns iugemens,
contenans condamnations de plus
grands intereſts : declarons nuls, &
de nul effect, & vertu tous con-

tracts de conſtitutions à plus haut prix, comme auſſi toutes promeſſes d'intereſts ſoubs ſeings priuez à quelque prix que ce ſoit, & de chá-ges & rechanges, ſinon entre Marchands, hantans & frequentans les Foires de noſtre bonne ville de Lyon, & pour cauſe de marchandiſe. Voulons, que contre les infracteurs & tranſgreſſeurs de noſtre preſent Edict, outre la perte de la ſomme principale, il ſoit procedé extraordinairement, comme à l'encontre d'vſuriers. Declarás que nous n'entendons deſroger, ny preiudicier aux contraĉts de cóſtitution de Rente, faits auparauát la publicatió des preſentes, leſquels & les ceſſions & tranſports qui en ſeront faits cy apres, demeureront en leur entier, force & vertu. Si donnons en man-

B ij

dement à nos amez & feaulx Con-
feillers, les gens tenás noſtre Court
de Parlemét de Rouen & Chambre
par nous ordonnee au temps des
vaccations en icelle, Bailiifs, Seneſ-
chaux, & autres nos Iuges, & Officiers à qui il appartiendra, que noſtre preſent Edict ils facent lire, pu-
blier, & enregiſtrer, & iceluy entre-
tenir, & obſeruer inuiolablement,
ſelon ſa forme & teneur, ſans y apporter aucune modification ny re-
ſtrinction. Car tel eſt noſtre plaiſir,
nonobſtant quelsconques Edicts,
Chartres Normandes, Clameur de
Haro, Ordonnances, Mandemens,
& Lettres à ce contraires, auſquelles
& à la dérogatoire de la dérogatoire d'icelles, nous auons dés à preſent
dérogé, & dérogeons par ceſdites
preſentes. Donné à Paris au mois de

Iuillet, l'an de grace mil six cens vn;
Et de noftre regne le douziefme.
Signé,   HENRY.
Et fur le reply, PAR LE ROY,
              FORGET.
      Et à cofté,   VISA.
Et féellé en lacs de foye rouge &
verd du grand féel en cire verd.

Plus fur ledit reply eft efcript.

*Leuës, publiées, & regiftrées és regi-
ftres de la Court, Oy & confentant le
Procureur general du Roy, aux charges &
modifications contenuës en l'Arreft de
ladite Court, Donné les Chambres affem-
blées le vingt-troifiefme de ce mois, A
Rouen en Parlement le vingt-neufiéme
iour de Nouembre, mil fix cens deux.*

Signé, DE BOISLEVESQVE.

EXTRAICT DES RE-
gistres de la Court de Parlement.

VEV par la Court, les Chambres assemblées les lettres patentes en forme d'Edict, données à Paris au moys de Iuillet, mil six cens vn : par lequel le Roy à statué, & ordonné qu'en tout le ressort de ladite Court, ne seront cy apres par aucunes personnes de quelque estat, qualité, & condition qu'ils soyent, constituées Rentes, à plus haut prix qu'à la raison du denier quatorze : & ce par contracts passez par deuant Tabellions ou Notaires, Ausquels tres-expresses inhibitions & defenses sont faites d'en passer à autre raison, à peine de suspension & priuation de leurs offices : & à tous Iuges d'y auoir aucun esgard, ny donner aucuns Iugemens, contenans condamnations de plus grands interestz, declarant nuls & de nul effect,

& vertu tous contracts de cõstitutions
à plus haut prix. Comme aussi toutes
promesses d'interests soubs seings priuez à quelque prix que ce soit, & de
changes & rechanges sinon entre Marchands, hantans & frequentans les
foires de la ville de Lion, & pour cau-
se de marchandise, Voulant que contre les infracteurs & transgresseurs dudit Edict, outre la perte de la somme
principale, il soit procedé extraordinairement, comme à l'encontre d'v-
suriers. Declarant outre ledit Seigneur
qu'il n'entend desroger, ny preiudicier
aux contracts de constitution de Rente
faits auparauant la publication dudit
Edict : lesquels & les cessions & trans-
ports qui en seront faits cy apres, demeureront en leur entier, force & vertu. Autres lettres patentes en forme de
surannation, données à Paris le dixies-
me Octobre dernier. Conclusion du
Procureur general du Roy, Tout con-
sideré. LADITE COVRT
les Chambres assemblées a ordonné
& ordonne que lesdites lettres en for-

me d'Edict, feront leuës, publiées, &
enregiftrées és regiftres d'icelle pour
auoir lieu, & eftre le contenu efdites
lettres, gardé & obferué felon leur forme & teneur de ce iour à l'aduenir,
fors & referué pour la nullité des contracts & promeffes foubs feing priué,
à la charge neantmoins de faire reco-
gnoiftre dans trois mois par deuant
les Iuges, Notaires, ou Tabellions,
ceux qui pourroyent auoir efté cy deuant faits au denier dix, Autrement à
faute de ce faire & ledit temps paffé,
n'auront lieu qu'à ladite raifon du denier quatorze. Sans preiudice auffi de
la liberté du trafic pour l'argent qui
fe baille à profit fur la mer, pour lequel en fera vfé, comme auparauant
ledit Edict. Fait à Rouen en ladite
Court de Parlement, le vingt-troifié-
me iour de Nouembre, l'an mil fix
cens & deux.

Signé, DE BOISLEVESQVE.

9 782329 605593